Colección

Ciclo Litúrgico
2

Antonio González

CUARESMA
con los Santos Padres

EDIBESA

© Editorial Edibesa
Madre de Dios 35, bis
28016 Madrid
Tel.: 913 451 992
Fax: 913 505 099

ISBN 978-84-15662-27-3
Depósito Legal: M-40714-2012

Impresión: Rigorma Gráfica S.A.
   C/ Charcones, 18. Pol. Ind. Alparrache
   28600 Navalcarnero (Madrid)

Diseño y maquetación: Digraf, S. L.

ÍNDICE

Introducción 5
Miércoles de Ceniza 7
Jueves después de Ceniza 9
Viernes después de Ceniza 11
Sábado después de Ceniza 13
Domingo de la Primera Semana 15
Lunes de la Primera Semana 17
Martes de la Primera Semana 19
Miércoles de la Primera Semana 21
Jueves de la Primera Semana 23
Viernes de la Primera Semana 25
Sábado de la Primera Semana 27
Domingo de la Segunda Semana 29
Lunes de la Segunda Semana 31
Martes de la Segunda Semana 33
Miércoles de la Segunda Semana 35
Jueves de la Segunda Semana 37
Viernes de la Segunda Semana 39
Sábado de la Segunda Semana 41
Domingo de la Tercera Semana 43
Lunes de la Tercera Semana 45
Martes de la Tercera Semana 47
Miércoles de la Tercera Semana 49
Jueves de la Tercera Semana 51
Viernes de la Tercera Semana 53
Sábado de la Tercera Semana 55

Domingo de la Cuarta Semana	57
Lunes de la Cuarta Semana	59
Martes de la Cuarta Semana	61
Miércoles de la Cuarta Semana	63
Jueves de la Cuarta Semana	65
Viernes de la Cuarta Semana	67
Sábado de la Cuarta Semana	69
Domingo de la Quinta Semana	71
Lunes de la Quinta Semana	73
Martes de la Quinta Semana	75
Miércoles de la Quinta Semana	77
Jueves de la Quinta Semana	79
Viernes de la Quinta Semana	81
Sábado de la Quinta Semana	83
Domingo de Ramos	85
Lunes Santo	87
Martes Santo	89
Miércoles Santo	91
Jueves Santo	93
Viernes Santo	95
Sábado Santo	97
Domingo de Resurrección	99

Introducción

Tradicionalmente, la Cuaresma ha sido en la Iglesia el tiempo litúrgico vivido con mayor intensidad, aunque sólo sea camino para la Pascua, el tiempo que debería tener mayor relieve.

Este libro pretende ayudar a todos los cristianos a prepararse bien a la Pascua dedicando sólo unos minutos de la jornada diaria a la reflexión y la oración.

Como en el libro anterior de la colección (*Adviento y Navidad con los Santos Padres*), se sigue aquí el mismo esquema: Formación, Reflexión, Oración.

En el primer apartado se ofrece un dato histórico cultural para enriquecer la formación personal del lector. En el segundo, Reflexión, se recogen pensamientos de los Santos Padres de la Iglesia, resumidos de los textos que propone la Iglesia en el Oficio de Lectura de la Liturgia de las Horas. En el tercero, se sugiere una breve oración como punto de partida para otra más extensa.

La editorial Edibesa quiere con este librito poner en manos de los cristianos un medio para recorrer con seriedad el camino hacia la Pascua, para vivir la Cuaresma con profundidad y aprovechamiento espiritual.

• Miércoles de Ceniza •

Formación

Cuaresma viene del latín *"quadragesima dies"*, el día cuadragésimo antes de Pascua. Es el tiempo de preparación a la Pascua. Comienza el Miércoles de Ceniza y termina el Jueves Santo por la tarde, antes de la Misa Vespertina de la Cena del Señor.

Reflexión

Dejemos lo que conduce a la muerte

Recorramos todos los tiempos, y aprenderemos cómo el Señor, de generación en generación, *concedió un tiempo de penitencia* a los que deseaban convertirse a él. Noé predicó la penitencia, y los que lo escucharon se salvaron. Jonás anunció a los ninivitas la destrucción de su ciudad, y ellos, arrepentidos de sus pecados, pidieron perdón a Dios y, a fuerza de súplicas, alcanzaron la indulgencia, a pesar de no ser del pueblo elegido.

Recurramos a la benevolencia del Señor y convirtámonos, dejadas a un lado las vanas obras, las contiendas y la envidia, que conducen a la muerte. Seamos humildes, y, depongamos toda jactancia, ostentación e insensatez, y los arrebatos de la ira.

Tenemos presentes las palabras del Señor Jesús, aquellas que pronunció para enseñarnos la benignidad y la longanimidad: *Sed misericordiosos, y alcanzaréis misericordia; perdonad, y se os perdonará; como vosotros hagáis, así se os hará a vosotros; dad, y se os dará; no juzguéis, y no os juzgarán; como uséis la benignidad, así la usarán con vosotros; la medida que uséis la usarán con vosotros.*

San Clemente I, Papa

Oración

Haz, Señor, que en estos días de cuaresma sea yo más sensible a tu gracia, a tu perdón, a tu misericordia, y que con los dones que me has otorgado haga yo un poco más felices a mis hermanos. Amén.

• Jueves después de Ceniza •

Formación

La Cuaresma se organizó a partir del siglo IV. Su historia anterior no se sabe con certeza. Parece ser que su origen fue el ayuno pascual de dos días, el Viernes y el Sábado antes del Domingo de Resurrección. El primer documento que menciona la Cuaresma propiamente dicha, es el canon 5 del Concilio Ecuménico de Nicea (325).

Reflexión

Tenemos que ser cada vez mejores

En estos días que preceden a la fiesta pascual se nos exige, con más urgencia, una preparación y una purificación del espíritu. No hay nadie que no tenga que ser cada vez mejor, en la escala de la perfección debemos esforzarnos para que nadie se encuentre bajo el efecto de los viejos vicios el día de la redención.

Por ello, en estos días, hay que poner especial solicitud y devoción en cumplir aquellas cosas que los cristianos deben realizar en todo tiempo; así viviremos, en santos ayunos, y no sólo por el uso menguado de los alimentos, sino sobre todo ayunando de nuestros vicios.

Y no hay cosa más útil que unir los ayunos santos y razonables con la limosna, que, bajo la única denominación de misericordia, contiene muchas y laudables acciones de piedad. En ella pueden ejercitarse no sólo los ricos y pudientes, sino incluso los de posición media y aun los pobres; de este modo, quienes son desiguales por su capacidad de hacer limosna son semejantes en el amor y afecto con que la hacen.

San León Magno, Papa

Oración

Señor, haz que siempre, y especialmente en estos días de Cuaresma, estemos dispuestos a la renovación interior que el Espíritu desea hacer en nosotros.

• Viernes después de Ceniza •

Formación

Con el paso del tiempo, el ayuno pascual inicial se fue alargando una semana, dos, tres..., según las diversas regiones. En Egipto llegó hasta seis semanas o cuarenta días. En Roma la Cuaresma ya estaba bien estructurada entre el año 350 y 380.

Reflexión

Elevemos la mente a Dios

El sumo bien está en la plegaria y en el diálogo con Dios, porque equivale a una íntima unión con Él: y así como los ojos del cuerpo se iluminan cuando contemplan la luz, así también el alma dirigida hacia Dios se ilumina con su inefable luz. Una plegaria que no sea de rutina, sino hecha de corazón.

Conviene que elevemos la mente a Dios no sólo cuando nos dedicamos expresamente a la oración, sino también cuando atendemos a otras ocupaciones, como el cuidado de los pobres o las útiles tareas de la munificencia, en todas la cuales debemos mezclar el anhelo y el recuerdo de Dios, de modo que todas nuestras obras, como si estuvieran condimentadas con la sal del amor de Dios, se conviertan en un alimento dulcísimo para el Señor.

La oración es luz del alma, verdadero conocimiento de Dios, mediadora entre Dios y los hombres. Hace que el alma se eleve hasta el cielo y abrace a Dios con inefables abrazos, apeteciendo la leche divina, como el niño que, llorando, llama a su madre; por la oración, el alma expone sus propios deseos y recibe dones mejores que toda la naturaleza visible.

San Juan Crisóstomo

Oración

Señor, enséñame a orar, a escuchar tu Espíritu que late en mí y desea ir a ti. Que mi oración me lleve a unirme más a ti, a ponerte en el centro de mi vida.

• Sábado después de Ceniza •

Formación

En su origen, la Cuaresma comenzaba en domingo. Pero en los siglos VI y VII se acentuó como característica principal el ayuno, y como los domingos no se ayunaba, se adelantó su inicio al miércoles anterior al primer domingo, el que luego se llamó de ceniza, para que a la Pascua le precedieran cuarenta días de ayuno efectivo.

Reflexión

Servir a Dios es la gloria del hombre

Nuestro Señor Jesucristo comenzó por atraer hacia Dios a los siervos, y luego liberó a los que se le habían sometido, como Él mismo dijo a sus discípulos: *Ya no os llamo siervos, a vosotros os llamo amigos.* Pues la amistad de Dios otorga la inmortalidad a quienes la aceptan.

No nos mandó que lo siguiésemos porque necesitara de nuestro servicio, sino para salvarnos a nosotros. Porque seguir al Salvador equivale a participar de la salvación, y seguir a la luz es lo mismo que quedar iluminado. Por eso Él requiere de los hombres que lo sirvan, para beneficiar a los que perseveran en su servicio, ya que Dios es bueno y misericordioso. Pues en la misma medida en que Dios no carece de nada, el hombre se halla indigente de la comunión con Dios.

En esto consiste precisamente la gloria del hombre: perseverar y permanecer en el servicio de Dios. Y por esta razón decía el Señor a sus discípulos: *No sois vosotros los que me habéis elegido, soy Yo quien os he elegido,* dando a entender que no lo glorificaban, al seguirlo, sino que, por seguir al Hijo de Dios, era éste quien los glorificaba a ellos.

San Ireneo

Oración

Tú, Señor, que has querido llamarnos amigos, haz que nos despojemos del espíritu de siervos para ser libres de toda esclavitud y para que alcancemos la plena felicidad en la comunión contigo.

• Domingo de la Primera Semana •

Formación

El domingo primero de Cuaresma ha tomado entre los latinos el nombre de "invocabit" de la primera palabra del Introito de la Misa, y entre los griegos se le llama la fiesta de la ortodoxia, por señalar el aniversario del restablecimiento de las santas imágenes en el siglo IX.

Reflexión

Necesitamos la tentación

Nuestra vida en medio de esta peregrinación no puede estar sin tentaciones, ya que nuestro progreso se realiza precisamente a través de la tentación, y nadie se conoce a sí mismo si no es tentado, ni puede ser coronado si no ha vencido, ni vencer si no ha combatido, ni combatir si carece de enemigo y de tentaciones.

Jesucristo, nuestro Señor, se dejó tentar por el diablo. ¡Nada menos que Cristo tentado por el diablo! Pero en Cristo estabas siendo tentado tú, porque Cristo tenía de ti la carne, y de Él procedía para ti la salvación; de ti procedía la muerte para Él, y de Él para ti la vida; de ti para Él los ultrajes, y de

Él para ti los honores; en definitiva, de ti para Él la tentación, y de Él para ti la victoria.

Si hemos sido tentados en Él, también en Él vencemos al diablo. ¿Te fijas en que Cristo fue tentado, y no te fijas en que venció? Reconócete a ti mismo tentado en Él, y reconócete vencedor en Él. Podía haber evitado al diablo; pero, si no hubiese sido tentado, no te habría aleccionado para la victoria cuando tú fueras tentado.

San Agustín

Oración

Señor, haz que entendamos la tentación como ocasión para progresar espiritualmente, para purificarnos, para acercarnos más a Ti.

• Lunes de la Primera Semana •

Formación

Los 40 días cuaresmales tienen resonancia bíblica: el diluvio antes de la alianza con Noé duró 40 días; Moisés estuvo 40 días en el monte Sinaí; el pueblo de Israel permaneció 40 años en el desierto; Elías caminó durante 40 días al encuentro con Dios; Jesús pasó 40 días en el desierto antes de iniciar su misión. Simbólicamente es un tiempo de prueba, de purificación, de preparación a un gran acontecimiento salvador.

Reflexión

Administremos bien los dones de Dios

No consintamos, hermanos y amigos míos, en administrar de mala manera lo que, por don divino se nos ha concedido, para que no tengamos que escuchar aquellas palabras: *Avergonzaos, vosotros, que retenéis lo ajeno, proponeos la imitación de la equidad de Dios, y nadie será pobre.*

No nos dediquemos a acumular y guardar dinero, mientras otros tienen que luchar en medio de la pobreza.

Imitemos aquella suprema y primordial ley de Dios, que hace llover sobre los justos y los pecadores, y hace salir igualmente el sol para todos; que pone la tierra, las fuentes, los ríos y los bosques a disposición de todos sus habitantes; el aire se lo entrega a las aves, y el agua a los que viven en ella, y a todos da, con abundancia, los subsidios para su existencia, sin que haya autoridad de nadie que los detenga, ni ley que los circunscriba, ni fronteras que los separen; se lo entregó todo en común, con amplitud y abundancia, y sin deficiencia alguna. Así enaltece la uniforme dignidad de la naturaleza con la igualdad de sus dones, y pone de manifiesto las riquezas de su benignidad.

San Gregorio Nacianceno

Oración

Reconocemos, Señor, que somos malos administradores de los dones que nos has concedido para todos. Enséñanos a ser agradecidos contigo y a ser solidarios con nuestros semejantes.

• Martes de la Primera Semana •

Formación

La nueva ordenación del Calendario Litúrgico, de 1969, derivada del Concilio Vaticano II, prefirió no situar el comienzo de la Cuaresma en el primer domingo, como se hacía en su origen, sino mantener la tradición ya popular de hacerlo el Miércoles de Ceniza.

Reflexión

Recemos con el Padrenuestro

Muchas cosas quiso Dios que dijeran e hicieran oír los profetas, sus siervos; pero cuánto más importantes son las que habla su Hijo, las que atestigua con su propia voz la misma Palabra de Dios. Él mismo nos instruyó y aconsejó sobre lo que teníamos que pedir. El que nos dio la vida nos enseñó también a orar.

Oremos, pues, hermanos queridos, como Dios, nuestro maestro, nos enseñó. A Dios le resulta amiga y familiar la oración que se le dirige con sus mismas palabras, la misma oración de Cristo que llega a sus oídos.

Cuando hacemos oración, que el Padre reconozca las palabras de su propio Hijo; el mismo que habita dentro del corazón sea el que resuene en la voz, y, puesto que lo tenemos como abogado por nuestros pecados ante el Padre, al pedir por nuestros delitos, como pecadores que somos, empleemos las mismas palabras de nuestro defensor. Pues, si dice que hará lo que pidamos al Padre en su nombre, ¿cuánto más eficaz no será nuestra oración en el nombre de Cristo, si la hacemos, además, con sus propias palabras?

San Cipriano

Oración

Padre, santificado sea tu nombre, venga a nosotros tu Reino, hágase tu voluntad, danos hoy nuestro pan, perdona nuestras ofensas, no nos dejes caer en la tentación y líbranos del mal.

• Miércoles de la Primera Semana •

Formación

Durante la Cuaresma se hacía la última etapa del catecumenado o preparación al Bautismo, que se celebraba en la noche pascual. En la Cuaresma se hacían reuniones de oración, escrutinios y exorcismos.

Reflexión

Bienaventurados los circuncidados en el corazón

Nuestro Dios es veraz y sus preceptos son fidelísimos; por eso cada uno de los pactos se mantuvo firme en su tiempo y se comprobó como verdadero, y ahora los que son circuncisos de corazón viven y se circuncidan de nuevo en el verdadero Jordán, que es el bautismo de la remisión de los pecados.

Josué circuncidó por segunda vez al pueblo, con un cuchillo de piedra, cuando él y su pueblo atravesaron el Jordán; Jesús, nuestro salvador, circuncidó por segunda vez, con la circuncisión del corazón, a todas las gentes que creyeron en Él y se purificaron con el bautismo, y lo hizo con *la espada de su palabra, más tajante que espada de doble filo.* Josué hizo pasar al pueblo a la tierra prometida; Jesús, nuestro salvador, prometió la tierra de la vida a todos los que estuvieran dispuestos a pasar el verdadero Jordán, creyeran y fueran circuncidados en su corazón.

Bienaventurados, pues, quienes fueron circuncidados en el corazón y volvieron a nacer de las aguas de la segunda circuncisión; éstos serán quienes reciban la herencia junto con Abrahán, guía fiel y padre de todas las gentes, porque su fe le valió la justificación.

Afraates, obispo

Oración

Señor, tú nos has propuesto la nueva y definitiva alianza en Jesucristo. Haz que seamos fieles a ella y que no la olvidemos ni la apartemos de nuestro corazón.

• Jueves de la Primera Semana •

Formación

Lo que Moisés, Elías y Jesucristo practicaron con más rigor en sus respectivas "cuaresmas", fue el ayuno y la oración. Por lo mismo, también son la base de la Cuaresma cristiana, a la cual agregó la Iglesia la práctica de la limosna y obras de caridad.

Reflexión

Imitemos la caridad de Cristo

Si queréis emular a Dios, puesto que habéis sido creados a su imagen, imitad su ejemplo. Vosotros, que sois cristianos, que con vuestro mismo nombre estáis proclamando la bondad, imitad la caridad de Cristo y su estilo pastoral, que contemplamos en los evangelios.

Allí encuentro, bosquejada en parábola y en lenguaje metafórico, la imagen del pastor de las cien ovejas, que, cuando una de ellas se aleja del rebaño y vaga errante, no se queda con las otras que se dejaban apacentar tranquilamente, sino que sale en busca. Y, cuando la encuentra, no la azota ni la empuja hacia el rebaño con vehemencia, sino que la carga sobre sus hombros, la acaricia y la lleva con las otras, más contento por haberla encontrado que por todas las restantes.

Este ejemplo nos da a entender que jamás desesperemos de los hombres ni los demos por perdidos, que no los despreciemos cuando se hallan en peligro, ni seamos remisos en ayudarlos, sino que cuando se desvían de la rectitud y yerran, tratemos de hacerlos volver al camino, nos congratulemos de su regreso y los reunamos con la muchedumbre de los que siguen viviendo justa y piadosamente.

San Asterio de Amasea

Oración

Señor, damos un corazón de buen pastor; que nos preocupemos de los demás, que demos siempre una oportunidad a los equivocados y a quienes se alejan del camino verdadero.

• Viernes de la Primera Semana •

Formación

El ayuno cuaresmal era muy riguroso al principio. No se tomaban carnes, huevos, lácteos, pescado, vino ni otras cosas que implicaran regalo para los sentidos. Se hacía una sola comida al día a base de pan, legumbres y agua.

Reflexión

La perfección de la caridad fraterna

Nada nos anima tanto al amor de los enemigos, en el que consiste la perfección de la caridad fraterna, como el ejemplo de Jesucristo en su crucifixión. Por si fuera poco interceder por los enemigos, quiso también excusarlos. «*Padre* –dijo-, *perdónalos, porque no saben lo que hacen.* Son, desde luego, grandes pecadores, pero muy poco perspicaces; por tanto, *Padre, perdónalos.* Crucifican, pero no saben a quién crucifican, porque si lo hubieran sabido, *nunca hubieran crucificado al Señor de la gloria;* por eso, *Padre, perdónalos.*

En consecuencia, para que el hombre se ame rectamente a sí mismo, procure no dejarse corromper por ningún atractivo mundano. Y para no sucumbir ante semejantes inclinaciones, trate de orientar todos sus afectos hacia la suavidad de la naturaleza humana del Señor. Luego, para sentirse serenado más perfecta y suavemente con los atractivos de la caridad fraterna, trate de abrazar también a sus enemigos con un verdadero amor.

Y para que este fuego divino no se debilite ante las injurias, considere siempre con los ojos de la mente la serena paciencia de su amado Señor y Salvador.

Beato Elredo, Abad

Oración

Señor, que seamos capaces de amar con tú, perdonando a quien nos ofende y ultraja. Que tengamos siempre presente la serenidad de tu rostro en las adversidades de la vida.

• Sábado de la Primera Semana •

Formación

Antiguamente, el ayuno cuaresmal lo hacían todos los cristianos mayores de doce años. No estaban eximidos ni siquiera los jornaleros ni los ancianos; tan sólo se excusaba a los enfermos con el refrendo del médico y del sacerdote.

Reflexión

Tú puedes sanar, si quieres

El alma del hombre tiene que ser pura, como un espejo brillante. Cuando en el espejo se produce el orín, no se puede ver el rostro de una persona; de la misma manera, cuando el pecado está en el hombre, el hombre no puede ya contemplar a Dios.

Pero puedes sanar, si quieres. Ponte en manos del médico, y él punzará los ojos de tu alma y de tu corazón. ¿Qué médico es éste? Dios, que sana y vivifica mediante su Palabra y su sabiduría. Pues por medio de la Palabra y de la sabiduría se hizo todo. Efectivamente, *la palabra del Señor hizo el cielo, el aliento de su boca, sus ejércitos*. Su Sabiduría está por encima de todo: Dios, con su sabiduría, puso el fundamento de la tierra; con su inteligencia, preparó los cielos; con su voluntad, rasgó los abismos, y las nubes derramaron su rocío.

Si entiendes todo esto y vives pura, santa y justamente, podrás ver a Dios; pero la fe y el temor de Dios han de tener la absoluta preferencia de tu corazón, y entonces entenderás todo esto. Cuando te despojes de lo mortal y te revistas de la inmortalidad, entonces verás a Dios de manera digna.

San Teófilo de Antioquía

Oración

Haz, Señor Jesús, que no perdamos la capacidad de hacernos preguntas importantes. Haznos comprender que Tú eres la luz que nos ilumina y la respuesta definitiva que necesitamos.

Domingo de la Segunda Semana

Formación

En los primeros siglos la Cuaresma repercutía en la vida social: se suprimían las bodas y festines, el ejercicio judicial, los juegos y recreos públicos, la caza, los deportes, etc.

Reflexión

Nadie se avergüence de la cruz

En la transfiguración, el Señor puso de manifiesto su gloria ante los testigos que había elegido, e hizo resplandecer de tal manera aquel cuerpo suyo, semejante al de todos los hombres, que su rostro se volvió semejante a la claridad del sol y sus vestiduras aparecieron blancas como la nieve.

En aquella transfiguración se trataba, sobre todo, de alejar de los corazones de los discípulos el escándalo de la cruz, y evitar así que la humillación de la pasión voluntaria conturbara la fe de aquellos a quienes se había revelado la excelencia de la dignidad escondida.

Que este Santo Evangelio sirva, por tanto, para la confirmación de la fe de todos, y que nadie se avergüence de la cruz de Cristo, gracias a la cual el mundo ha sido redimido. Que nadie tema sufrir por la justicia, ni desconfíe del cumplimiento de las promesas, porque por el trabajo se va al descanso, y por la muerte se pasa a la vida; pues el Señor echó sobre sí toda la debilidad de nuestra condición, y, si nos mantenemos en su amor, venceremos lo que Él venció y recibiremos lo que prometió.

Ya se trate de cumplir los mandamientos o de tolerar las adversidades, nunca debe dejar de resonar en nuestros oídos la palabra pronunciada por el Padre: *Este es mi Hijo, el amado, mi predilecto; escuchadlo.*

San León Magno, papa

Oración

Que no nos avergoncemos de tu cruz, Señor. Que aprendamos que ella es el camino para conocerte, para amarte, para servirte y para participar de tu gloria.

• Lunes de la Segunda Semana •

Formación

Durante siglos la Misa "estacional" era una las principales características de la Cuaresma en Roma. Se celebraba todos los días, al atardecer, después de la hora de nona, cuando los cristianos quedaban libres de sus obligaciones laborales. Muchas veces era presidida por el Papa y cada día se celebraba en una "estación" o iglesia con gran solemnidad.

Reflexión

En la cúspide, la oración

La oración se presenta ante Dios como venerable intermediaria, alegra nuestro espíritu y tranquiliza sus afectos. Me estoy refiriendo a la oración de verdad, no a las simples palabras. La oración es un deseo de Dios, una inefable piedad, no otorgada por los hombres, sino concedida por la gracia divina.

El don de semejante súplica, cuando Dios lo otorga a alguien, es una riqueza inagotable y un alimento celestial que satura el alma; quien lo saborea se enciende en un deseo indeficiente del Señor, como en un fuego ardiente que inflama su alma.

Cuando quieras reconstruir en ti aquella morada que Dios se edificó en el primer hombre, adórnate con la modestia y la humildad y hazte resplandeciente con la luz de la justicia; decora tu ser con buenas obras, como con oro acrisolado, y embellécelo con la fe y la grandeza de alma, a manera de muros y piedras; y, por encima de todo, como quien pone la cúspide para coronar un edificio, coloca la oración, a fin de preparar a Dios una casa perfecta y poderle recibir en ella como si fuera una mansión regia y espléndida, ya que, por la gracia divina, es como si poseyeras la misma imagen de Dios colocada en el templo del alma.

San Juan Crisóstomo

Oración

Señor, enséñanos a orar como Tú deseas que lo hagamos. Haz que te deseemos cada vez más y que nos esforcemos continuamente en preparar el hogar de nuestra vida para que puedas morar en ella.

• Martes de la Segunda Semana •

Formación

El espacio celebrativo durante la Cuaresma se distinguió siempre por la austeridad ornamental: no hay flores ni música instrumental. El sacerdote se reviste de ornamentos morados.

Reflexión

El aroma más agradable

Cuando ya el día declinaba hacia su atardecer, el Señor entregó, en la cruz, el alma que después había de recobrar, porque no la perdió en contra de su voluntad. Pero también nosotros estábamos representados allí. Pues lo que de Él colgó en la cruz era lo que había recibido de nosotros. Al clavar nuestra debilidad en la cruz, donde, como dice el Apóstol, *nuestro hombre viejo ha sido crucificado con Él*, exclamó con la voz de aquel mismo hombre nuestro: *Dios mío, Dios mío, ¿por qué me has abandonado?*

Por tanto, la ofrenda de la tarde fue la pasión del Señor, la cruz del Señor, la oblación de la víctima saludable, el holocausto acepto a Dios. Aquella ofrenda de la tarde se convirtió en ofrenda matutina por la resurrección. La oración brota, pues, pura y directa del corazón creyente, como se eleva desde el ara santa el incienso. No hay nada más agradable que el aroma del Señor: que todos los creyentes huelan así.

Así, pues, *nuestro hombre viejo* –son palabras del Apóstol- *ha sido crucificado con Cristo, quedando destruida nuestra personalidad de pecadores y nosotros libres de la esclavitud del pecado.*

San Agustín

Oración

Jesús, tú has querido clavar contigo en la cruz a nuestro hombre viejo, nuestra condición de pecadores. Te pedimos que, especialmente durante esta cuaresma, nos esforcemos por cultivar en nosotros todo lo que nos lleve a resucitar contigo.

• Miércoles de la Segunda Semana •

Formación

La penitencia, traducción latina de la palabra griega *metanoia*, que en la Biblia significa la conversión (literalmente el cambio de espíritu) del pecador, es un conjunto de actos interiores y exteriores dirigidos a la reparación del pecado cometido, y el estado de cosas que resulta de ello para el pecador.

Reflexión

Perseverar en el servicio de Dios

Desde siempre Dios está lleno de toda clase de bienes y contiene, en sí mismo, todo olor de suavidad y todos los aromas de los perfumes. Pero Moisés educaba a su pueblo siempre propenso a tornar a los ídolos, disponiéndolo, a través de numerosas prescripciones, a perseverar en el servicio de Dios; por medio de las cosas secundarias lo llamaba a las principales, es decir: por las figuras, a la verdad; por lo temporal, a lo eterno; por lo carnal, a lo espiritual; por lo terreno, a lo celeste. Así fue dicho a Moisés: *Te ajustarás al modelo que te fue mostrado en la montaña.*

Durante cuarenta días, en efecto, aprendió a retener las palabras de Dios, los caracteres celestes, las imágenes espirituales y las figuras de las realidades por venir. Pablo dice igualmente: *Bebían de la roca espiritual que los seguía; y la roca era Cristo.* Y de nuevo, después de haber recorrido los acontecimientos relatados en la ley, añade: *Todo esto les sucedía como un ejemplo: y fue escrito para escarmiento nuestro, a quienes nos ha tocado vivir en la última de las edades.*

Mediante figuras, pues, aprendían a temer a Dios y a perseverar en su servicio, de manera que la ley era, para ellos, a la vez una disciplina y una profecía de las cosas por venir.

San Ireneo

Oración

Señor, Tú has guiado a tu pueblo a lo largo de la historia, desarrollando con él una paciente tarea educativa. Haz que no te abandonemos por seguir a los ídolos, por idolatrarnos a nosotros mismos; que perseveremos siempre en tu servicio.

• Jueves de la Segunda Semana •

Formación

La penitencia interior del cristiano puede tener expresiones muy variadas. La Escritura y los Padres insisten sobre todo en tres formas: el ayuno, la oración, la limosna, que expresan la conversión con relación a sí mismo, con relación a Dios y con relación a los demás.

Reflexión

El camino del temor de Dios

El temor de Dios tiene que ser aprendido. No se lo encuentra en el miedo, sino en el razonamiento doctrinal; no brota de un estremecimiento natural, sino que es el resultado de la observancia de los mandamientos, de las obras de una vida inocente y del conocimiento de la verdad.

Para nosotros, el temor de Dios reside todo él en el amor, y su contenido es el ejercicio de la perfecta caridad: obedecer los consejos de Dios, atenerse a sus mandatos y confiar en sus promesas.

Muchos son los caminos del Señor, siendo así que Él mismo es el camino. Pero, cuando habla de sí mismo, se denomina «camino», y muestra la razón de llamarse así, cuando dice: *Nadie va al Padre, sino por mí.*

Hay que interesarse, por tanto, e insistir en muchos caminos, para poder encontrar el único que es bueno, ya que, a través de la doctrina de muchos, hemos de hallar un solo camino de vida eterna. Pues hay caminos en la ley, en los profetas, en los evangelios, en los apóstoles, en las diversas obras de los mandamientos, y son bienaventurados los que andan por ellos, en el temor de Dios.

San Hilario

Oración

Jesús, enséñanos el temor de Dios, como tú lo viviste, lleno de amor, confianza, obediencia y disponibilidad.

• Viernes de la Segunda Semana •

Formación

"Todos los fieles, cada uno a su modo, están obligados por la ley divina a hacer penitencia; sin embargo, para que todos se unan en alguna práctica común de penitencia, se han fijado unos días penitenciales en los que se dediquen los fieles de manera especial a la oración, realicen obras de piedad y de caridad y se nieguen a sí mismos, cumpliendo con mayor fidelidad sus propias obligaciones y, sobre todo, observando el ayuno y la abstinencia." (Código de Derecho Canónico, canon 1249).

Reflexión

Agradar a Dios

Cuando la justicia y el amor hacia Dios cayeron en el olvido y se extinguieron en Egipto, Dios, por su mucha misericordia hacia los hombres, tuvo que manifestarse a sí mismo mediante la palabra.

Con su poder, sacó de Egipto al pueblo para que el hombre volviese a seguir a Dios; lo afligía con prohibiciones, para que nadie despreciara a su Creador; y lo alimentó con el maná, para que recibiera un alimento espiritual.

Exigía también el amor a Dios e insinuaba la justicia que se debe al prójimo, para que el hombre no fuera injusto ni indigno para con Dios, preparando de antemano al hombre, mediante el decálogo, para su amistad y la concordia que debe mantener con su prójimo.

Todo esto glorificaba al hombre, completando lo que le faltaba, esto es, la amistad de Dios; pero a Dios no le era de ninguna utilidad, pues Dios no necesitaba del amor del hombre. En cambio, al hombre le faltaba la gloria de Dios, y era absolutamente imposible que la alcanzara, a no ser por su empeño en agradarle.

San Ireneo

Oración

Señor, tú que nos has llamado a tu amistad y quieres lo mejor para nosotros, ayúdanos a responder a tu amor y esforzarnos por agradarte cada día más.

• Sábado de la Segunda Semana •

Formación

"En la Iglesia universal, son días y tiempos penitenciales todos los viernes del año y el tiempo de cuaresma." (Código de Derecho Canónico, canon 1250).

Reflexión

Estemos de su parte

Donde está el corazón del hombre allí está también su tesoro; pues el Señor no suele negar la dádiva buena a los que se la han pedido. Y ya que el Señor es bueno, y mucho más bueno todavía para los que le son fieles, abracémonos a Él, estemos de su parte con toda nuestra alma, con todo el corazón, con todo el empuje de que seamos capaces, para que permanezcamos en su luz, contemplemos su gloria y disfrutemos de la gracia del deleite sobrenatural.

Elevemos, por lo tanto, nuestros espíritus hasta el Sumo bien, estemos en Él y vivamos en Él, unámonos a Él, ya que su ser supera toda inteligencia y todo conocimiento, y goza de paz y tranquilidad perpetuas, una paz que supera también toda inteligencia y toda percepción.

Éste es el bien que lo penetra todo, que hace que todos vivamos en él y dependamos de él, mientras que él no tiene nada sobre sí, porque es divino; pues no hay nadie bueno, sino sólo Dios, y, por lo tanto, todo lo bueno es divino, y todo lo divino es bueno.

San Ambrosio

Oración

Enséñanos, oh Dios, a poner nuestro corazón en las cosas importantes, en todo lo que es bueno y nos hace mejores; en las palabras y en los intereses de tu hijo Jesucristo, nuestro hermano.

• Domingo de la Tercera Semana •

Formación

Históricamente el tercer domingo de Cuaresma era el de los "escrutinios", porque en él, o comenzaba el examen de los catecúmenos que habían de recibir el bautismo en la vigilia pascual, o bien se les citaba para el miércoles siguiente.

Reflexión

Se presenta como un indigente

Llega una mujer. Se trata aquí de una figura de la Iglesia, no santa aún, pero sí a punto de serlo. La mujer llegó sin saber nada, encontró a Jesús, y Él se puso a hablar con ella.

Dame de beber. Fíjate en quién era aquel que pedía de beber a la mujer samaritana: *Jesús le contestó: «Si conocieras el don de Dios, y quién es el que te pide de beber, le pedirías tú, y él te daría agua viva.»*

Le pedía de beber, y fue él mismo quien prometió darle el agua. Se presenta como quien tiene indigencia, como quien está dispuesto a dar hasta la saciedad. *Si conocieras* –dice- *el don de Dios.* El don de Dios es el Espíritu Santo. A pesar de que no habla aún claramente a la mujer, ya va penetrando, poco a poco, en su corazón y ya la está doctrinando. ¿Podría encontrarse algo más suave y más bondadoso que esta exhortación? *Si conocieras el don de Dios, y quién es el que te pide de beber, le pedirías tú, y él te daría agua viva.*

San Agustín

Oración

Señor, danos de beber el agua de la vida, el agua que da Jesús, para que nunca más tengamos sed; sácianos de su plenitud.

• Lunes de la Tercera Semana •

Formación

"Junto a la purificación radical operada por el Bautismo o por el martirio, también son medio de obtener el perdón de los pecados, los esfuerzos realizados para reconciliarse con el prójimo, las lágrimas de penitencia, la preocupación por la salvación del prójimo, la intercesión de los santos y la práctica de la caridad "que cubre multitud de pecados". (Catecismo Iglesia Católica, n.1434).

Reflexión

Adherirse a la verdadera grandeza

No se gloríe el sabio de su sabiduría, no se gloríe el fuerte de su fortaleza, no se gloríe el rico de su riqueza. Entonces, ¿en qué puede gloriarse con verdad el hombre? ¿Dónde halla su grandeza? *Quien se gloría* –continúa el texto sagrado-, *que se gloríe de esto: de conocerme y comprender que soy el Señor.*

En esto consiste la sublimidad del hombre, su gloria y su dignidad, en conocer dónde se halla la verdadera grandeza y adherirse a ella, en buscar la gloria que procede del Señor de la gloria. Dice, en efecto, el Apóstol: *El que se gloríe, que se gloríe en el*

Señor, afirmación que se halla en aquel texto: *Cristo, que Dios ha hecho para nosotros sabiduría, justicia, santificación y redención; y así* –como dice la Escritura-: *«El que se gloríe, que se gloríe en el Señor.».*

Por tanto, lo que hemos de hacer para gloriarnos de un modo perfecto e irreprochable en el Señor es no enorgullecernos de nuestra propia justicia, sino reconocer que en verdad carecemos de ella y que lo único que nos justifica es la fe en Cristo.

San Basilio

Oración

Señor, a veces estamos perdidos y no reconocemos el camino que nos lleva a la gloria. Ayúdanos a no guiarnos por nuestro instinto sino por tus enseñanzas.

• Martes de la Tercera Semana •

Formación

La Iglesia persiste en invitarnos a hacer de este tiempo como un retiro espiritual en el que el esfuerzo de meditación y de oración debe estar sostenido por un esfuerzo de mortificación personal cuya medida, a partir de este mínimo, es dejada a la libertad generosidad de cada uno.

Reflexión

Tres resortes para lograr una fe firme

Tres son los resortes que hacen que la fe se mantenga firme, la devoción constante y la virtud permanente: la oración, el ayuno y la misericordia. Porque la oración llama, el ayuno intercede, la misericordia recibe. Los tres son una sola y única cosa.

El ayuno, en efecto, es el alma de la oración, y la misericordia es la vida del ayuno. Que nadie trate de dividirlos, pues no pueden separarse. Quien posee uno solo de los tres, si al mismo tiempo no posee los otros, no posee ninguno. Por tanto, quien ora, que ayune; quien ayuna, que se compadezca; pues Dios presta oído a quien no cierra los suyos al que le suplica.

Quien ayuna entienda bien lo que es el ayuno; que preste atención al hambriento quien desee que Dios preste atención a su hambre; que se compadezca quien espera misericordia; que tenga piedad quien la busca; que responda quien desea que Dios le responda a él. Es un indigno suplicante quien pide para sí lo que niega a otro.

Díctate a ti mismo la norma de la misericordia, de acuerdo con la manera, la cantidad y la rapidez con que quieres que tengan misericordia contigo. Compadécete tan pronto como quisieras que los otros se compadezcan de ti.

San Pedro Crisólogo

Oración

Señor, que nos has enseñado a comportarnos como deseamos que Tú lo hagas con nosotros, haz que no pidamos nada que no estemos dispuestos a dar a quienes acuden a nosotros en demanda de ayuda.

• Miércoles de la Tercera Semana •

Formación

"Los tiempos y los días de penitencia a lo largo del año litúrgico (el tiempo de cuaresma, cada viernes en memoria de la muerte del Señor) son momentos fuertes de la práctica penitencial de la Iglesia. Estos tiempos son particularmente apropiados para los ejercicios espirituales, las liturgias penitenciales, las peregrinaciones como signo de penitencia, las privaciones voluntarias como el ayuno y la limosna, la comunicación cristiana de bienes (obras caritativas y misioneras)." (Catecismo Iglesia Católica, n. 1438)

Reflexión

Abrir los ojos del espíritu

Si tú me dices: «Muéstrame a tu Dios», yo te diré a mi vez: «Muéstrame tú al hombre que hay en ti», y yo te mostraré a mi Dios. Muéstrame, por tanto, si los ojos de tu mente ven, y si oyen los oídos de tu corazón.

Pues de la misma manera que los que ven con ojos del cuerpo perciben con ellos las realidades de esta vida terrena y advierten las diferencias que se dan entre ellas –por ejemplo, entre la luz y las tinieblas, lo blanco y lo negro, lo deforme y lo bello, lo proporcionado y lo desproporcionado, lo que está bien formado y lo que no lo está, lo que es superfluo y lo que es deficiente en las cosas–, y lo mismo se diga de lo que cae bajo el dominio del oído –sonidos agudos, graves o agradables–, eso mismo hay que decir de los oídos del corazón y de los ojos de la mente, en cuanto a su poder para captar a Dios.

En efecto, ven a Dios los que son capaces de mirarlo, porque tienen abiertos los ojos del espíritu. Porque todo el mundo tiene ojos, pero algunos los tienen oscurecidos y no ven la luz del sol. Y no porque los ciegos no vean ha de decirse que el sol ha dejado de lucir, sino que esto hay que atribuírselo a sí mismos y a sus propios ojos. De la misma manera, tienes tú los ojos de tu alma oscurecidos a causa de tus pecados y malas acciones.

San Teófilo de Antioquía

Oración

Te pedimos, Oh Dios, que aprovechemos esta cuaresma para purificar nuestros sentidos, para ser más sensibles a la luz que es y nos trae Jesucristo.

• Jueves de la Tercera Semana •

Formación

Este día señala la mitad de los ayunos cuaresmales. Esta circunstancia hizo que este día tuviese entre los antiguos cristianos un carácter medio festivo para contribuir con ello a recobrar el aliento para proseguir alegremente el camino cuaresmal.

Reflexión

La oración vence a Dios

¿Podrá Dios negar algo a la oración hecha en espíritu y verdad, cuando es Él mismo quien la exige?
La oración del Antiguo Testamento no había recibido aún de Cristo toda su eficacia y alejaba las plagas, desvanecía los ejércitos de los enemigos, hacía cesar la lluvia. Ahora, la verdadera oración aleja la ira de Dios, implora a favor de los enemigos, suplica por los perseguidores. Solamente la oración vence a Dios; pero Cristo la quiso incapaz del mal y todopoderosa para el bien.

La oración sacó a las almas de los muertos del mismo seno de la muerte, fortaleció a los débiles, curó a los enfermos, liberó a los endemoniados, abrió las mazmorras, soltó las ataduras de los inocentes. La oración perdona los delitos, aparta las tentaciones, extingue las persecuciones, consuela a los pusilánimes, recrea a los magnánimos, conduce a los peregrinos, mitiga las tormentas, aturde a los ladrones, alimenta a los pobres, rige a los ricos, levanta a los caídos, sostiene a los que van a caer, apoya a los que están en pie.

Tertuliano

Oración

Señor, enséñanos a dar más importancia a la oración y a orar como lo hacía Jesús, en plena unión contigo, pendientes más de escucharte que de hablar nosotros.

• Viernes de la Tercera Semana •

Formación

Según la Iglesia, un católico durante la Cuaresma tiene que cumplir con el precepto del ayuno y la abstinencia, así como con el de la confesión y comunión anual.

Reflexión

Dar a conocer el misterio

Sin que hubiera violencia en sus manos, tuvo que sufrir Aquel que no cometió pecado, ni encontraron engaño en su boca, a pesar de lo cual arrostró el dolor de la cruz por nuestra redención. Fue el único, entre todos los hombres, que pudo presentar a Dios súplicas inocentes, porque hasta en medio de los dolores de la pasión rogó por sus perseguidores, diciendo: *Padre, perdónalos, porque no sabe lo que hacen.*

¿Qué puede decirse o pensarse más puro en una oración que alcanzar la misericordia para aquellos mismos de los que se está recibiendo el dolor? Así, la misma sangre de nuestro Redentor, que los perseguidores habían derramado con odio, luego la bebieron los creyentes como medicina de salvación.

La sangre de Jesús es más elocuente que la de Abel, porque la sangre de Abel pedía la muerte de su hermano fratricida, mientras que la sangre del Señor imploró la vida para sus perseguidores.

Por tanto, para que el misterio de la pasión del Señor no nos resulte inútil, hemos de imitar lo que recibimos y que cada uno de nosotros, de acuerdo con la medida de su vivificación, dé a conocer el misterio a su alrededor.

San Gregorio Magno

Oración

Señor Jesús, en tu pasión nos has enseñado el perdón sin límites, ayúdanos a perdonar siempre a quienes nos ofenden o a quienes no nos comprenden como desearíamos.

• Sábado de la Tercera Semana •

Formación

El ayuno consiste en hacer una sola comida al día, aunque se puede comer algo menos de lo acostumbrado por la mañana y la noche. No se debe comer nada entre los alimentos principales, salvo caso de enfermedad. El ayuno es obligatorio para todos los mayores de edad, hasta que tengan cumplidos cincuenta y nueve años. (cfr. CIC, c. 1252).

Reflexión

Haz el bien con alegría

Que ni siquiera la noche interrumpa tus quehaceres de misericordia. No digas: *Vuelve, que mañana te ayudaré.* Que nada se interponga entre tu propósito y su realización. Porque las obras de caridad son las únicas que no admiten demora.

Parte tu pan con el hambriento, hospeda a los pobres sin techo, y no dejes de hacerlo con jovialidad y presteza. *Quien reparte la limosna* –dice el Apóstol- *que lo haga con agrado;* pues todo lo que sea prontitud hace que se te doble la gracia del beneficio que has hecho. Porque lo que se lleva a cabo con una disposición de ánimo triste y forzada no merece gratitud ni tiene nobleza. De manera que, cuando hacemos el bien, hemos de hacerlo, no tristes, sino con alegría.

Si dejas libres a los oprimidos y rompes todos los cepos, dice la Escritura; o sea, si procuras alejar de tu prójimo sus sufrimientos, sus pruebas, la incertidumbre de su futuro, toda murmuración contra él, ¿qué piensas que va a ocurrir? Algo grande y admirable. Un espléndido premio. Escucha: *Entonces romperá tu luz como la aurora, te abrirá camino la justicia.* ¿Y quién no anhela la luz y la justicia?

San Gregorio Nacianceno

Oración

Ayúdanos, Señor, a ser diligentes en atender las necesidades del prójimo y a ser solidarios con los más necesitados; que ejercitemos siempre la misericordia con alegría.

• Domingo de la Cuarta Semana •

Formación

Este día de Cuaresma se conoce como el Domingo de *Laetare* (de alegría) y el sacerdote puede sustituir los ornamentos de color morado por el de color rosa.

Reflexión

Perezoso, ¡levántate!

Si amas al Señor, síguelo. «Yo lo amo –me dices-, pero ¿por qué camino lo sigo?»

¿Quieres saber por dónde has de ir? Oye que el Señor dice primero: *Yo soy el camino*. Antes de decirte a dónde, te dijo por dónde: *Yo soy el camino*. ¿Y a dónde lleva el camino? *A la verdad y a la vida*. Primero dijo por dónde tenías que ir, y luego a dónde. *Yo soy el camino, y la verdad, y la vida*. Permaneciendo junto al Padre, es la verdad y la vida; al vestirse de carne, se hace camino.

No se te dice: «Trabaja para dar con el camino, para que llegues a la verdad y a la vida»; no se te ordena esto. Perezoso, ¡levántate! El mismo camino viene hacia ti y te despierta del sueño en que estabas dormido; levántate, pues, y anda.

A lo mejor estás intentando andar y no puedes,

porque te duelen los pies. Y ¿por qué te duelen los pies?; ¿acaso porque anduvieron por caminos tortuosos, bajo los impulsos de la avaricia? Pero piensa que la Palabra de Dios sanó también a los cojos. «Tengo los pies sanos –dices-, pero no puedo ver el camino.» Piensa que también iluminó a los ciegos.

San Agustín

Oración

Señor, tú eres el camino, la verdad y la vida. Haz que nos despertemos, que no seamos perezosos para levantarnos de nuestras rutinas y comodidades y seguirte.

• Lunes de la Cuarta Semana •

Formación

La abstinencia consiste en privarse de comer carne (roja o blanca y sus derivados). La ley de la abstinencia obliga a los que han cumplido catorce años. (cfr. CIC, c. 1252).

Reflexión

Ascendamos en Él

Hemos muerto con Cristo y llevamos en nuestro cuerpo la muerte de Cristo, para que la vida de Cristo se manifieste en nosotros. No vivimos ya aquella vida nuestra, sino la de Cristo, una vida de inocencia, de castidad, de simplicidad y de toda clase de virtudes; y ya que hemos resucitado con Cristo, vivamos en Él, ascendamos en Él, para que la serpiente no pueda dar en la tierra con nuestro talón para herirlo.

Huyamos de aquí. Puedes huir en espíritu, aunque sigas retenido en tu cuerpo; puedes seguir estando aquí, y estar, al mismo tiempo, junto al Señor, si tu alma se adhiere a Él, si andas tras sus huellas con tus pensamientos, si sigues sus caminos con la fe y no a base de apariencias, si te refugias en Él, ya que Él es refugio y fortaleza.

Si Dios es nuestro refugio y se halla en el cielo y sobre los cielos, es hacia allí hacia donde hay que huir, donde está la paz, donde nos aguarda el descanso de nuestros afanes. Pues la saciedad, el placer y el sosiego están en descansar en Dios y contemplar su felicidad. Huyamos como los ciervos hacia la fuente de las aguas. ¿Cuál es la fuente? Dios es esa fuente.

San Ambrosio

Oración

Señor, que no vivamos centrados en nosotros mismos, en nuestro egoísmo; que ejercitemos todas las virtudes que nos hagan resucitar cada día con Cristo.

• Martes de la Cuarta Semana •

Formación

"La Conferencia Episcopal de cada país puede determinar con más detalle el modo de observar el ayuno y la abstinencia, así como sustituirlos en todo o en parte por otras formas de penitencia, sobre todo por obras de caridad y prácticas de piedad." (Código de Derecho Canónico, canon 1253).

Reflexión

La caridad, la suma de todas las virtudes

Los presentes días son especialmente indicados para ejercitarse en la caridad, por más que no hay tiempo que no sea a propósito para ello; quienes desean celebrar la Pascua del Señor con el cuerpo y el alma santificados deben poner especial empeño en conseguir, sobre todo, la caridad, porque en ella se halla contenida la suma de todas las virtudes y con ella se cubre la muchedumbre de los pecados.

La largueza ha de extenderse ahora, con mayor benignidad, hacia los pobres y los impedidos por diversas debilidades, para que el agradecimiento a Dios brote de muchas bocas, y nuestros ayunos sirvan de sustento a los menesterosos. La devoción que más agrada a Dios es la de preocuparse de sus pobres, y, cuando Dios contempla el ejercicio de la misericordia, reconoce allí inmediatamente una imagen de su piedad. No hay por qué temer la disminución de los propios haberes con esas expensas, ya que la benignidad misma es una gran riqueza, ni puede faltar materia para la largueza allí donde Cristo apacienta y es apacentado.

Quien distribuye limosnas debe sentirse seguro y alegre, porque obtendrá la mayor ganancia cuando se haya quedado con el mínimo.

San León Magno

Oración

Señor, sabemos que la devoción más agradable para ti es que nos ocupemos de los pobres. Haz que esta cuaresma sirva también para aumentar nuestra sensibilidad hacia todos los marginados de la sociedad.

Miércoles de la Cuarta Semana

Formación

Históricamente este día se celebraba el gran escrutinio de los catecúmenos en la Basílica de San Pedro. Los ritos eran: oraciones, lecturas y exorcismos; y por primera vez la lectura y explicación del principio de cada uno de los cuatro Evangelios, la recitación del credo y del padrenuestro. Al conjunto de estos ritos se le denominaba *apertio aurium* (abrir los oídos), porque por primera vez escuchaban textos sagrados, hasta entonces desconocidos.

Reflexión

Llamados a la vida eterna

Nada hay tan querido ni estimado de Dios como el que los hombres, con una verdadera penitencia, se conviertan a Él.

Y, para manifestarlo de una manera más propia de Dios que todas las otras cosas, la Palabra divina de Dios Padre, se dignó, mediante su encarnación, convivir con nosotros; padeció y habló todo aquello que parecía conveniente para reconciliarnos con Dios Padre; de forma que, extraños como éramos a la vida eterna, nos viéramos llamados a ella.

No sólo sanó nuestras enfermedades con los milagros, sino que, habiendo aceptado las debilidades de nuestras pasiones y el suplicio de la muerte, nos liberó, y nos aconsejó, con múltiples enseñanzas, que nos hiciéramos semejantes a Él, imitándolo con una condescendiente benignidad y una caridad más perfecta hacia los demás.

Por ello clamaba: *No he venido a llamar a los justos, sino a los pecadores a que se conviertan.* Y también: *No tienen necesidad de médico los sanos, sino los enfermos.* Añadió que había venido a buscar la oveja que se había perdido, y que, precisamente, había sido enviado a las ovejas que habían perecido de la casa de Israel.

San Máximo

Oración

Tú nos has hecho, Señor, semejantes a ti; nos has liberado y aconsejado continuamente con tus enseñanzas. Te rogamos que nos des también las fuerzas necesarias para seguir trabajando hasta conseguir las metas que nos propones.

• Jueves de la Cuarta Semana •

Formación

El espíritu de conversión se puede concretar en actos como acudir al Sacramento de la Reconciliación, superar las divisiones perdonando, crecer en espíritu fraterno y practicar las Obras de Misericordia.

Reflexión

Conformarnos a Jesucristo

A ningún pecador se le niega su parte en la cruz, ni existe nadie a quien no auxilie la oración de Cristo. Si ayudó incluso a sus verdugos, ¿cómo no va a beneficiar a los que se convierten a Él?

Se eliminó la ignorancia, se suavizaron las dificultades, y la sangre de Cristo suprimió aquella espada de fuego que impedía la entrada en el paraíso de la vida. La oscuridad de la vieja noche cedió ante la luz verdadera.

Se invita a todo el pueblo cristiano a disfrutar de las riquezas del paraíso, y a todos los bautizados se les abre la posibilidad de regresar a la patria perdida, a no ser que alguien se cierre a sí mismo aquel camino que quedó abierto, incluso, ante la fe del ladrón arrepentido.

No dejemos, por tanto, que las preocupaciones y la soberbia de la vida presente se apoderen de nosotros, de modo que renunciemos al empeño de conformarnos a nuestro Redentor, a través de sus ejemplos, con todo el impulso de nuestro corazón. Porque no dejó de hacer ni sufrir nada que fuera útil para nuestra salvación, para que la virtud que residía en la cabeza residiera también en el cuerpo.

San León Magno

Oración

Señor, que las preocupaciones y quehaceres de la vida de cada día no nos cierren el amplio horizonte de grandes aspiraciones que has puesto en nuestro corazón; que no renunciemos nunca a ser como Jesús para agradarte con nuestras vidas.

• Viernes de la Cuarta Semana •

Formación

Las obras de misericordia espirituales son: enseñar al que no sabe, dar buen consejo al que lo necesita, corregir al que yerra, perdonar las injurias, consolar al triste, sufrir con paciencia las adversidades y flaquezas del prójimo, rogar a Dios por los vivos y los difuntos.

Reflexión

Oración, ayuno y misericordia

La oración, la misericordia y el ayuno deben ser como un único intercesor en favor nuestro ante Dios, una única llamada, una única y triple petición. Recobremos con ayunos lo que perdimos por el desprecio; inmolemos nuestras almas con ayunos, porque no hay nada mejor que podamos ofrecer a Dios. Quien no dé esto a Dios no tendrá excusa, porque no hay nadie que no se posea a sí mismo para darse.

Mas, para que las ofrendas sean aceptadas, tiene que venir después la misericordia; el ayuno no germina si la misericordia no lo riega, el ayuno se torna infructuoso si la misericordia no lo fecundiza: lo que es la lluvia para la tierra, eso mismo es la misericordia para el ayuno. Por más que perfeccione su corazón, purifique su carne, desarraigue los vicios y siembre las virtudes, como no produzca caudales de misericordia, el que ayuna no cosechará fruto alguno.

Tú que ayunas, piensa que tu campo queda en ayunas si ayuna tu misericordia; lo que siembras en misericordia, eso mismo rebosará en tu granero. Para que no pierdas a fuerza de guardar, recoge a fuerza de repartir; al dar al pobre, te haces limosna a ti mismo: porque lo que dejes de dar a otro no lo tendrás tampoco para ti.

San Pedro Crisólogo

Oración

Que durante esta cuaresma, Señor, vivamos el ayuno, la oración y la misericordia como una sola realidad; así lograremos ser mejores personas y responder a las expectativas que Tú tienes sobre nosotros como hijos tuyos.

• Sábado de la Cuarta Semana •

Formación

Las obras de misericordia corporales son: visitar al enfermo, dar de comer al hambriento, dar de beber al sediento, socorrer al cautivo, vestir al desnudo, dar posada al peregrino, enterrar a los muertos.

Reflexión

Hacer morir todo lo tuyo

San Pablo se gloría en despreciar su propia justicia y en buscar la que se obtiene por la fe y que procede de Dios, para así tener íntima experiencia de Cristo, del poder de su resurrección y de la comunión en sus padecimientos, muriendo su misma muerte, con la esperanza de alcanzar la resurrección de entre los muertos.

Así caen por tierra toda altivez y orgullo. El único motivo que te queda para gloriarte, oh hombre, y el único motivo de esperanza consiste en hacer morir todo lo tuyo y buscar la vida futura en Cristo; de esta vida poseemos ya las primicias, es algo ya incoado en nosotros, puesto que vivimos en la gracia y en el don de Dios.

Y es el mismo Dios *quien activa en nosotros el querer y la actividad para realizar su designio de amor.* Y es Dios también el que, por su Espíritu, nos revela su sabiduría, la que de antemano destinó para nuestra gloria. Dios nos da fuerzas y resistencia en nuestros trabajos. *He trabajado más que todos* –dice Pablo–; *aunque no he sido yo, sino la gracia de Dios conmigo.*

Dios saca del peligro más allá de toda esperanza humana. *Él nos salvó* –dice también el Apóstol– *y nos salva de esas muertes terribles.*

San Basilio

Oración

Te pedimos, Señor, que los ejercicios cuaresmales nos ayuden a tomar conciencia de lo que realmente somos; que muramos a toda forma de egoísmo y busquemos sólo la vida en Cristo.

• Domingo de la Quinta Semana •

Formación

La costumbre de cubrir las cruces y las imágenes de las iglesias, a partir del domingo V de Cuaresma, puede conservarse, a juicio de la Conferencia de los Obispos. Las cruces permanecen cubiertas hasta después de la celebración de la Pasión del Señor, el Viernes santo, y las imágenes hasta el comienzo de la Vigilia Pascual.

Reflexión

Cómo preparar la Pascua

Nuestro Señor Jesucristo está cerca de nosotros, ya que prometió que estaría continuamente a nuestro lado. Y, del mismo modo que es a la vez pastor, sumo sacerdote, camino y puerta, ya que por nosotros quiso serlo todo, así también se nos ha revelado como fiesta y solemnidad, según aquellas palabras del Apóstol: *ha sido inmolada nuestra víctima pascual: Cristo*.

Desde esta perspectiva, cobran un nuevo sentido aquellas palabras del salmista: *tú eres mi júbilo: me libras de los males que me rodean*. En esto consiste el verdadero júbilo pascual, la genuina celebración de la gran solemnidad, en vernos libres de nuestros males; para llegar a ello, tenemos que esforzarnos en reformar nuestra conducta y en meditar asiduamente, en la quietud del temor de Dios.

Nosotros, que nos preparamos para la gran solemnidad, ¿qué camino hemos de seguir? Y, al acercarnos a aquella fiesta, ¿a quién hemos de tomar por guía? No a otro que nuestro Señor Jesucristo, el cual dice: *yo soy el camino*. Seguidlo, y hallaréis reposo. También nosotros nos esforzamos por seguir al Señor y, así, vamos preparando la fiesta del Señor no sólo con palabras, sino también con obras.

San Atanasio

Oración

Estamos preparando la Pascua, el encuentro con el Señor resucitado. Haz, Señor, que lo hagamos con obras de caridad y reformando nuestra conducta. Sólo así seremos coherentes y agradables a ti.

• Lunes de la Quinta Semana •

Formación

La Iglesia nos invita en Cuaresma a hacer de este tiempo como un retiro espiritual en el que el esfuerzo de meditación y de oración debe estar sostenido por un esfuerzo de mortificación personal cuya medida, a partir de este mínimo, es dejada a la libertad generosidad de cada uno.

Reflexión

Por su sangre nos redimió

Cristo Jesús es sumo sacerdote, y su preciso cuerpo, que inmoló en el ara de la cruz por la salvación de todos los hombres, es nuestro sacrificio. La sangre que se derramó para nuestra redención no fue la de los becerros y los machos cabríos (como en la ley antigua), sino la del inocentísimo Cordero, Cristo Jesús, nuestro salvador.

El templo en el que nuestro sumo sacerdote ofrecía el sacrificio no estaba hecho por manos de hombres, sino por el solo poder de Dios. Y este templo tiene dos partes: una es la tierra, que ahora habitamos; la otra nos es aún desconocida.

Así, primero, ofreció su sacrificio aquí en la tierra, cuando sufrió la más acerba muerte. Luego, cuando revestido de la nueva vestidura de la inmortalidad entró por su propia sangre en el santuario, o sea, en el cielo, presentó ante el trono del Padre celestial aquella sangre de inmenso valor, que había derramado una vez para siempre en favor de todos los hombres, pecadores.

Este sacrificio resultó tan grato y aceptable a Dios, que así que lo hubo visto, compadecido inmediatamente de nosotros, no pudo menos que otorgar su perdón a todos los verdaderos penitentes.

San Juan Fisher

Oración

Señor Jesús, te has entregado por nosotros derramando hasta la última gota de tu sangre, concédenos que también sepamos convertirnos en ofrenda diaria y permanente al Padre.

• Martes de la Quinta Semana •

Formación

En la antigüedad solamente se celebraba la eucaristía los domingos, pero se ayunaba todos los miércoles y viernes del año, excepto durante el tiempo pascual.

Reflexión

Cristo murió por los pecadores

Que nuestra alma, iluminada por el Espíritu de verdad, reciba con puro y libre corazón la gloria de la cruz, que irradia por cielo y tierra. ¡Oh admirable poder de la cruz! ¡Oh inefable gloria de la pasión! En ella podemos admirar el tribunal del Señor, el juicio del mundo y el poder del Crucificado.

Tu cruz es ahora fuente de todas las bendiciones y origen de todas las gracias: por ella, los creyentes encuentran fuerza en la debilidad, gloria en el oprobio, vida en la misma muerte.

Confesemos, pues, amadísimos, lo que el bienaventurado maestro de los gentiles, el apóstol Pablo, confesó con gloriosa voz, diciendo: *Podéis fiaros y aceptar sin reserva lo que os digo: Cristo Jesús vino al mundo para salvar a los pecadores.*

Aquí radica la maravillosa misericordia de Dios para con nosotros: en que Cristo no murió por los justos ni por los santos, sino por los pecadores y por los impíos; y, como la naturaleza divina no podía sufrir el suplicio de la muerte, tomó de nosotros, al nacer, lo que pudiera ofrecer por nosotros.

San León Magno

Oración

Señor, que encontremos en tu cruz fuerza para nuestra debilidad, gloria en las ofensas y vida a todas las formas de muerte que nos rodean.

• Miércoles de la Quinta Semana •

Formación

Gesto penitencial y de humildad son los golpes de pecho. Es uno de los gestos más populares y expresivos. Se utiliza en la Eucaristía al decir en el "Yo confieso", las palabras "por mi culpa, por mi culpa, por mi gran culpa".

Reflexión

Asumió nuestra naturaleza para transformarla

No pudo Dios hacer a los hombres un don mayor que el de darles por cabeza al que es su Palabra. Nuestro Señor Jesucristo, Hijo de Dios, es el que ora por nosotros, ora en nosotros y es invocado por nosotros.

Ora por nosotros como sacerdote nuestro, ora en nosotros por ser nuestra cabeza, es invocado por nosotros como Dios nuestro. Reconozcamos, pues, en Él nuestras propias voces y reconozcamos también su voz en nosotros.

Por lo cual, cuando se dice algo de nuestro Señor Jesucristo, sobre todo en profecía, que parezca referirse a alguna humillación indigna de Dios, no dudemos en atribuírsela, ya que Él tampoco dudó en unirse a nosotros. Todas las criaturas le sirven, puesto que todas las criaturas fueron creadas por Él.

Despierte y manténgase vigilante nuestra fe, comprenda que aquel al que poco antes contemplábamos en la condición divina aceptó la condición de esclavo, asemejado en todo a los hombres e identificado en su manera de ser a los humanos, humillado y hecho obediente hasta la muerte. Asumió la naturaleza creada para transformarla y hacer de nosotros con Él un solo hombre, cabeza y cuerpo.

San Agustín

Oración

Señor, Tú nos has dado a Jesucristo, que es todo para nosotros. Ayúdanos para que cada día nos asemejemos más a él obedeciéndote hasta la muerte.

Jueves de la Quinta Semana

Formación

Estar de rodillas es una actitud de humildad. Expresa arrepentimiento y penitencia. El cristiano se arrodilla ante Dios como signo de adoración. Este sentido tiene también la genuflexión que hacemos al entrar en la iglesia o delante del sagrario.

Reflexión

Imitemos su pasión

Estemos dispuestos a todo por causa del Verbo; imitemos su pasión con nuestros padecimientos, honremos su sangre con nuestra sangre, subamos decididamente a su cruz.

Si eres Simón Cireneo, toma tu cruz y sigue a Cristo. Si estás crucificado con Él como un ladrón, como el buen ladrón confía en tu Dios. Si por ti y por tus pecados Cristo fue tratado como un malhechor, lo fue para que tú llegaras a ser justo.

Adora al que por ti fue crucificado, e, incluso si estás crucificado por tu culpa, saca provecho de tu mismo pecado y compra con la muerte tu salvación. Entra en el paraíso con Jesús y descubre de qué bienes te habías privado.

Si eres José de Arimatea, reclama el cuerpo del Señor a quien lo crucificó, y haz tuya la expiación del mundo. Si eres Nicodemo, el que de noche adoraba a Dios, ven a enterrar el cuerpo, y úngelo con ungüentos. Si eres una de las dos Marías, o Salomé, o Juana, llora desde el amanecer; procura ser el primero en ver la piedra quitada, y verás también quizá a los ángeles o incluso al mismo Jesús.

San Gregorio Nacianceno

Oración

Te pedimos, Señor, que estemos dispuestos a imitar la pasión de Cristo, a honrar su sangre con la nuestra y a subir decididamente a su cruz.

• Viernes de la Quinta Semana •

Formación

Los cristianos hacemos con frecuencia la señal de la cruz. Es un gesto sencillo pero lleno de significado. Es una verdadera confesión de fe: Dios nos ha salvado en la Cruz de Cristo. Es un signo de pertenencia, de posesión: al hacer sobre nuestra persona este signo es como si dijéramos: "estoy bautizado, pertenezco a Cristo, Él es mi Salvador, la cruz de Cristo es el origen y la razón de ser de mi existencia cristiana...".

Reflexión

Jesús se ofreció por nosotros

Según la doctrina apostólica, *Jesús se entregó por nosotros a Dios como oblación y víctima de suave olor*. Él, como Dios verdadero y verdadero sumo sacerdote que era, penetró por nosotros una sola vez en el santuario, no con la sangre de los becerros y los machos cabríos, sino con la suya propia.

Él es quien, en sí mismo, poseía todo lo que era necesario para que se efectuara nuestra redención, Él mismo fue el sacerdote y el sacrificio; Él mismo fue Dios y templo: el sacerdote por cuyo medio nos reconciliamos, el sacrificio que nos reconcilia, el templo en el que nos reconciliamos, el Dios con quien nos hemos reconciliado.

Como sacerdote, sacrificio y templo, actuó solo, porque aunque era Dios quien realizaba estas cosas, no obstante las realizaba en su forma de siervo; en cambio, en lo que realizó como Dios, en la forma de Dios, lo realizó conjuntamente con el Padre y el Espíritu Santo.

Ten, pues, por absolutamente seguro, y no dudes en modo alguno, que el mismo Dios unigénito, Verbo hecho carne, se ofreció por nosotros a Dios como oblación y víctima de suave olor.

San Fulgencio de Ruspe

Oración

Señor Jesús, que te has ofrecido por nosotros al Padre, ayúdanos a purificarnos cada día más de todo lo que nos aleja de nosotros mismos, de los demás y de Dios.

• Sábado de la Quinta Semana •

Formación

Debe cuidarse el no vivir el ayuno o la abstinencia como unos mínimos, sino como una manera concreta con la que la Iglesia nos ayuda a crecer en el verdadero espíritu de penitencia.

Reflexión

Vamos a participar en la Pascua

Vamos a participar en la Pascua, ahora aún de manera figurada, aunque ya más clara que en la antigua ley (porque la Pascua de la antigua ley era como una figura oscura de nuestra Pascua, que es también aún una figura). Pero dentro de poco participaremos ya en la Pascua de una manera más perfecta y más pura, cuando el Verbo beba con nosotros el vino nuevo en el reino de su Padre, cuando nos revele y nos descubra plenamente lo que ahora nos enseña sólo en parte.

Nosotros hemos de tomar parte en esta fiesta ritual de la Pascua en un sentido evangélico, y no literal; de manera perfecta, no imperfecta; no de forma temporal, sino eterna. Tomemos como nuestra capital, no la Jerusalén terrena, sino la ciudad celeste;

no aquella que ahora pisan los ejércitos, sino la que resuena con las alabanzas de los ángeles.

Ofrezcamos a Dios un sacrificio de alabanza sobre el altar del cielo, unidos a los coros celestiales. Atravesemos la primera cortina, avancemos hasta la segunda y dirijamos nuestras miradas al Santísimo. Aún más: inmolémonos nosotros mismos a Dios, ofrezcámosle todos los días nuestro ser con todas nuestras acciones.

San Gregorio Nacianceno

Oración

Ahora que la pascua ya está próxima, te pedimos, Señor, que nos ayudes a purificarnos de todo lo que no nos hace agradables a ti y nos aleja de los demás.

• Domingo de Ramos •

Formación

La procesión de los ramos se empezó a celebrar en Jerusalén, tal como atestigua la peregrina gallega Egeria en su *Diario de viaje,* escrito hacia el año 380. Después se extiende a todo el Oriente, a España (siglo VII), a las Galias y, finalmente, a Roma (siglo XI o XII).

Reflexión

Como si fuéramos unas túnicas

Venid, y al mismo tiempo que ascendemos al monte de los Olivos, salgamos al encuentro de Cristo, corramos a una con quien se apresura a su pasión, e imitemos a quienes salieron a su encuentro.

Alegrémonos porque se nos ha presentado mansamente el que es manso y que *asciende sobre el ocaso* de nuestra ínfima vileza, para venir hasta nosotros y convivir con nosotros, de modo que pueda, por su parte, llevarnos hasta la familiaridad con Él.

Deberíamos prosternarnos a los pies de Cristo, no poniendo bajo sus pies nuestras túnicas o unas ramas inertes, que muy pronto perderían su verdor, su fruto y su aspecto agradable, sino revistiéndonos de su gracia, es decir, de Él mismo, pues *los que os habéis incorporado a Cristo por el bautismo os habéis revestido de Cristo.* Así debemos ponernos a sus pies como si fuéramos unas túnicas.

Ofrezcamos ahora al vencedor de la muerte no ya ramas de palma, sino trofeos de victoria. Repitamos cada día aquella sagrada exclamación que los niños cantaban, mientras agitamos los ramos espirituales del alma: *Bendito el que viene, como rey, en nombre del Señor.*

San Andrés de Creta

Oración

Jesús, en este día queremos ponernos a tus pies, ofrecerte lo mejor de nosotros mismos y aclamarte con la vida que eres nuestro rey. Ayúdanos para que no estemos a tu lado sólo en los momentos de triunfo.

• Lunes Santo •

Formación

El color morado, que se utiliza litúrgicamente en Cuaresma, Adviento, celebraciones penitenciales y exequias, remite a la discreción, penitencia y dolor, que distingue las celebraciones de estos días.

Reflexión

Fue crucificado por nosotros

La pasión de nuestro Señor es una prenda de gloria y una enseñanza de paciencia. Pues, ¿qué no esperará de Dios el corazón de los fieles, si por ellos su Hijo único, no se contentó con nacer como un hombre entre los hombres, sino que quiso incluso morir por mano de los hombres, que Él mismo había creado?

Grande es lo que el Señor nos promete para el futuro, pero es mucho mayor aún aquello que celebramos recordando lo que ya ha hecho por nosotros. ¿Quién dudará que a los santos pueda dejar el Señor de darles su vida, si Él mismo les entregó su muerte? Lo que ya se ha realizado es mucho más increíble: Dios ha muerto por los hombres. Él hizo con nosotros un admirable intercambio: tomó de nuestra naturaleza la condición mortal, y nos dio de la suya la posibilidad de vivir.

Confesemos, por tanto, intrépidamente, hermanos, y declaremos bien a las claras que Cristo fue crucificado por nosotros: y hagámoslo no con miedo, sino con júbilo, no con vergüenza, sino con orgullo.

El apóstol Pablo, que podía recordar muchos aspectos grandiosos y divinos de Cristo, dijo: *Dios me libre de gloriarme si no es en la cruz de nuestro Señor Jesucristo.*

San Agustín

Oración

Gracias, Señor, por la generosidad y paciencia que tienes con nosotros; porque, aún siendo desagradecidos y raquíticos contigo, sigues confiando en nosotros y esperando que unamos a ti.

• Martes Santo •

Formación

La celebración de procesiones en la Semana Santa tiene su origen a finales de la Edad Media, cuando los franciscanos se encargan de organizarlas.

Reflexión

Reproduzcamos su muerte

Para llegar a una vida perfecta es necesario imitar a Cristo, no sólo en los ejemplos que nos dio durante su vida, ejemplos de mansedumbre, de humildad y de paciencia, sino también en su muerte, como dice Pablo, el imitador de Cristo: *Muriendo su misma muerte, para llegar un día a la resurrección de entre los muertos.*

Mas ¿de qué manera podremos reproducir en nosotros su muerte? Sepultándonos con Él por el bautismo. ¿En qué consiste este modo de sepultura, y de qué nos sirve el imitarla? En primer lugar, es necesario cortar con la vida anterior. Y esto nadie puede conseguirlo sin aquel nuevo nacimiento de que nos habla el Señor. Por esto, antes de comenzar esta vida nueva, es necesario poner fin a la anterior.

¿Cómo podremos imitar a Cristo en su descenso a la región de los muertos? Imitando su sepultura mediante el bautismo, que significa el despojo de las obras de la carne. Reconocemos un solo bautismo salvador, ya que es una sola la muerte en favor del mundo y una sola la resurrección de entre los muertos, y de ambas es figura el bautismo.

San Basilio Magno

Oración

Señor, ayúdanos a imitar la mansedumbre y humildad de tu Hijo; a no rehuir las pruebas que nos suponga su seguimiento y a reproducir en nosotros su muerte poniendo fin a nuestra vida de pecado.

• Miércoles Santo •

Formación

Las imágenes que desfilan en la Semana Santa reciben el nombre de Pasos (del latin *Passus*, escena, pero también sufrimiento). Se le llama *paso*, ya que los orígenes de la Semana Santa fueron el de interpretar mediante imágenes, pasajes de la Biblia, para que el pueblo, en su mayoría analfabeto, pudiera verlos.

Reflexión

Amémonos como él nos amó

El Señor quiso dejar bien claro en qué consiste aquella plenitud del amor con que debemos amarnos mutuamente, cuando dijo: *Nadie tiene amor más grande que el que da la vida por sus amigos*. Consecuencia de ello es lo que nos dice el mismo evangelista san Juan en su carta: *Cristo dio su vida por nosotros; también nosotros debemos dar nuestra vida por los hermanos*, amándonos mutuamente como Él nos amó, que dio su vida por nosotros.

Esto no hay que entenderlo como si nosotros pudiéramos igualarnos al Señor, aun en el caso de que lleguemos por Él hasta el testimonio de nuestra sangre. Él era libre para dar su vida y libre para volverla a tomar, nosotros no vivimos todo el tiempo que queremos y morimos aunque no queramos; Él, en el momento de morir, mató en sí mismo a la muerte, nosotros somos librados de la muerte por su muerte; su carne no experimentó la corrupción, la nuestra ha de pasar por la corrupción, hasta que al final de este mundo seamos revestidos por Él de la incorruptibilidad; Él no necesitó de nosotros para salvarnos, nosotros sin Él nada podemos hacer; Él, a nosotros, sus sarmientos, se nos dio como vid, nosotros, separados de Él, no podemos tener vida.

San Agustín

Oración

Señor Jesús, queremos amar como tú lo has hecho: dando la vida. Pero sabemos que no podremos dar este ni otros frutos si no permanecemos unidos a ti. Ayúdanos a no abandonarte nunca.

• Jueves Santo •

Formación

En la antigüedad, como cierre de la Cuaresma, en la mañana del Jueves Santo, se celebraban los ritos de entrada en el *orden de los penitentes y el rito de la reconciliación* para los que terminaban el tiempo de penitencia pública por los grandes pecados.

Reflexión

Él es la Pascua de nuestra salvación

Él vino desde los cielos a la tierra a causa de los sufrimientos humanos; se revistió de la naturaleza humana en el vientre virginal y apareció como hombre; hizo suyas las pasiones y sufrimientos humanos con su cuerpo, sujeto al dolor, y destruyó las pasiones de la carne, de modo que quien por su espíritu no podía morir acabó con la muerte homicida.

Se vio arrastrado como un cordero y degollado como una oveja, y así nos redimió de idolatrar al mundo, como en otro tiempo libró a los israelitas de Egipto, y nos salvó de la mano del Faraón; y marcó nuestras almas con su propio Espíritu, y los miembros de nuestro cuerpo con su sangre.

Éste es el que cubrió a la muerte de confusión y dejó sumido al demonio en el llanto, como Moisés al Faraón. Éste es que derrotó a la iniquidad y a la injusticia, como Moisés castigó a Egipto con la esterilidad.

Éste es que nos sacó de la servidumbre a la libertad, de las tinieblas a la luz, de la muerte a la vida, de la tiranía al recinto eterno, e hizo de nosotros un sacerdocio nuevo y un pueblo elegido y eterno. Él es la Pascua de nuestra salvación.

Melitón de Sardes

Oración

Nuestra salvación, Señor, es quererte y amarte; danos la abundancia de tus dones y, así como por la muerte de tu Hijo esperamos alcanzar lo que nuestra fe nos promete, por su gloriosa resurrección concédenos obtener lo que nuestro corazón desea.

Viernes Santo

Formación

En recuerdo del día en que murió Jesúcristo en la Santa Cruz, "todos los viernes, a no ser que coincidan con una solemnidad, debe guardarse la abstinencia de carne, o de otro alimento que haya determinado la Conferencia Episcopal; ayuno y abstinencia se guardarán el miércoles de Ceniza y el Viernes Santo." (Código de Derecho Canónico, canon 1251).

Reflexión

De su costado brotaron el Bautismo y la Eucaristía

¿Quieres saber el valor de la sangre de Cristo? Mira de dónde brotó y cuál sea su fuente. Empezó a brotar de la misma cruz y su fuente fue el costado del Señor.

El agua y la sangre que brotaron de su costado eran símbolos del bautismo y de la eucaristía. Con estos dos sacramentos se edifica la Iglesia: con el agua de la regeneración y con la renovación del Espíritu Santo, es decir, con el bautismo y la eucaristía. Del costado de Jesús se formó, pues, la Iglesia, como del costado de Adán fue formada Eva. Y de la misma manera que entonces Dios tomó la costilla de Adán, mientras éste dormía, así también nos dio el agua y la sangre después que Cristo hubo muerto. Por esta misma razón, afirma san Pablo: *Somos miembros de su cuerpo, formado de sus huesos,* aludiendo con ello al costado de Cristo.

Mirad de qué manera Cristo se ha unido a su esposa, considerad con qué alimento la nutre. Con un mismo alimento hemos nacido y nos alimentamos. De la misma manera que la mujer se siente impulsada por su misma naturaleza a alimentar con su propia sangre, y con su leche a aquel a quien ha dado a luz, así también Cristo alimenta siempre con su sangre a aquellos a quienes Él mismo ha hecho renacer.

San Juan Crisóstomo

Oración

Jesús, que lo has dado todo por nosotros, que has afrontado la cruz sin echarte atrás. En este día de Viernes Santo, te agradecemos tu entrega por nosotros y te pedimos que no nos escandalicemos de tu cruz ni te abandonemos en los momentos de la prueba.

• Sábado Santo •

Formación

Durante este día la Iglesia está en actitud de silencio, propicio para la reflexión y oración, esperando la noche para dar inicio a la Vigilia Pascual. Es un día de calma, no se celebran eucaristías, no se recibe comunión y el altar de la Iglesia permanece vacío.

Reflexión

Despierta, tú que duermes

Adán, a ti te mando: *Despierta, tú que duermes,* pues no te creé para que permanezcas cautivo en el abismo; *levántate de entre los muertos,* pues yo soy la vida de los muertos. Levántate, obra de mis manos; levántate, imagen mía, creado a mi semejanza.

Contempla los salivazos de mi cara, que he soportado para devolverte tu primer aliento de vida; contempla los golpes de mis mejillas, que he soportado para reformar, de acuerdo con mi imagen, tu imagen deformada; contempla los azotes en mis espaldas, que he aceptado para aliviarte el peso de los pecados, que habían sido cargados sobre tu espalda; contempla los clavos que me han sujetado fuertemente al madero, pues los he aceptado por ti, que maliciosamente extendiste una mano al árbol prohibido.

Levántate, salgamos del abismo de la muerte. El enemigo te sacó del paraíso; yo te coloco no ya en el paraíso, sino en el trono celeste. Te prohibí que comieras del árbol de la vida, que no era sino imagen del verdadero árbol; yo soy el verdadero árbol, yo, que soy la vida y que estoy unido a ti.

De una homilía antigua

Oración

Todo está en silencio, Señor, hemos matado a Jesús y nos duele. Desde el arrepentimiento y el dolor, te pedimos que nos saques del abismo de la muerte y que rechacemos todas las obras que la provocan para que podamos resucitar con Cristo.

• Domingo de Resurrección •

Formación

La Pascua de Resurrección se celebra el domingo inmediatamente posterior a la primera luna llena tras el equinoccio de primavera. Por ello puede ser tan temprano como el 22 de marzo, o tan tarde como el 25 de abril. Este es el día más importante de todo el año litúrgico cristiano.

Reflexión

La Resurrección es vida

La resurrección de Cristo destruye el poder del abismo, los recién bautizados renuevan la tierra, el Espíritu Santo abre las puertas del cielo. Porque el abismo, al ver sus puertas destruidas, devuelve los muertos, la tierra, renovada, germina resucitados y el cielo, abierto, acoge a los que ascienden.

El ladrón es admitido en el paraíso, los cuerpos de los santos entran en la ciudad santa y los muertos vuelven a tener su morada entre los vivos. Así, como si la resurrección de Cristo fuera germinando en el mundo, todos los elementos de la creación se ven arrebatados a lo alto.

El abismo devuelve sus cautivos al paraíso, la tierra envía al cielo a los que estaban sepultados en su seno, y el cielo presenta al Señor a los que han subido desde la tierra: así, con un solo y único acto, la pasión del Salvador nos extrae del abismo, nos eleva por encima de lo terreno y nos coloca en lo más alto de los cielos.

La resurrección de Cristo es vida para los difuntos, perdón para los pecadores, gloria para los santos.

San Máximo de Turín

Oración

Gracias, oh Dios, por poner tu rúbrica a la vida de Jesús con la Resurrección. Con ello vemos que vivir desde ti y para ti tiene sentido y nos llena de felicidad. Haz que siempre nos sintamos orgullosos de ser cristianos y de colaborar en la construcción de tu Reino.